Printed in Germany
ISBN 3-7707-6325-4

Heil- und Giftpflanzen-Uhr

Von Pflanzen und ihren Wirkstoffen im Jahreslauf

gezeichnet von Thomas Müller
erzählt von Christine Henle

Ellermann Verlag

Von den geheimnisvollen Kräften vieler Pflanzen

Kannst du dir unsere Erde ohne Pflanzen vorstellen? Es sähe aus wie auf dem Mond. Dich gäbe es nicht und mich nicht, kein Tier, nicht die Maus und nicht einmal die Ameise. Viele Tiere leben nämlich von Pflanzen, das Schaf und das Reh genauso wie der kleine Falter. Diese pflanzenfressenden Tiere wiederum sind die Nahrung für fleischfressende Tiere wie den Wolf, die Kreuzotter oder den Sperber. Die Natur hat diese Nahrungskette so aufgebaut, daß keine Art überhand nimmt und keine ausstirbt.

Nun möchte aber kein Lebewesen gefressen werden. Und so hat jede Tierart eine besondere Fähigkeit entwickelt, sich zu schützen. Mäuse huschen bei Gefahr in ihre Löcher, der Marienkäfer sondert eine übelriechende Flüssigkeit ab, die seine Feinde nicht mögen, und die aufgescheuchten Fasane flüchten sich ins Gebüsch.

Da steht eine Kamillenstaude am Wegrand. Gleich daneben leuchtet der Salbei. Wegerich, Gräser, Büsche und unzählige andere Pflanzen wachsen in der Nachbarschaft. Keine gleicht der anderen, jede trägt eigene Stoffe in sich. Und weil auch Pflanzen möglichst lang am Leben bleiben wollen, verteidigen sie sich auf ihre Weise gegen Feinde. Die einen stechen mit ihren Dornen und Stacheln, andere schmecken ganz abscheulich. Wieder andere schützen sich durch ihre Giftstoffe, die Mensch und Tier krank machen können und oft sogar tödlich sind. Pflanzen, die solche Stoffe in sich haben, heißen *Giftpflanzen.*

Als die Menschen noch keine Häuser hatten und umherzogen, waren die Beeren, Früchte, Blätter, Wurzeln und Körner, die sie in der Wildnis fanden, ihre wichtigste Nahrung. Dabei entdeckten sie nicht nur, daß es Pflanzen gibt, die ihnen schadeten, sondern auch solche, die ihre Krankheiten und Verletzungen linderten und heilten. Diese Pflanzen haben

auch noch für uns heute eine große Bedeutung. Es sind die *Heilpflanzen.*
Du wirst staunen, wenn du erfährst, daß auch manche Giftpflanzen Krankheiten heilen können. Allerdings dürfen sie nur in kleinsten Mengen verwendet werden. Wer nur ein bißchen zuviel davon einnimmt, kann sich vergiften. Deshalb dürfen diese Mittel nur von Fachleuten verordnet werden.
Schon seit dem Altertum gibt es Ärzte. Sie berieten die Menschen bei ihren Krankheiten, genauso wie sie es heute tun. Die Arzneien, die sie verschreiben, gibt es in der Apotheke.
Wie du auf dem Bild siehst, war eine Apotheke früher ganz anders eingerichtet als heute. Damals mischten und brauten die Apotheker die meisten Rezepte noch selbst zusammen. Sie hatten die Kräuter, Säfte und Tinkturen in großen Gläsern und Flaschen stehen. Bis zur modernen Heilkunde war es ein weiter Weg. Aber auch wenn unsere Medikamente heute vielfach chemisch hergestellt werden, gehen ihre Heilkräfte oft noch auf die natürlichen Wirkstoffe der Pflanzen zurück.
Heute werden viele Heilpflanzen in großen Mengen gewerbsmäßig angebaut, aber es macht Spaß, sie selbst in Garten und Wiese zu suchen. Wer aber loszieht, um selbst Kräuter zu sammeln, muß unbedingt heilende und giftige Pflanzen bestimmen und unterscheiden können. Sonst kann leicht ein Unglück geschehen!
Damit du auch weißt, vor welchen Pflanzen du dich hüten mußt, welche du sammeln und verwenden darfst, sind in diesem Buch 45 wichtige Heil- und Giftpflanzen beschrieben und abgebildet.
Ist es nicht ein Wunder, daß in einer zarten kleinen Pflanze, die wir so leicht abpflücken, so große Kräfte stecken?

Wie Heilpflanzen gesammelt, getrocknet und aufbewahrt werden

Wer Heilpflanzen sammeln will, muß wissen, welche Teile er nehmen soll und wann die beste Zeit dafür ist. Manchmal sind die heilenden Stoffe in der ganzen Pflanze enthalten, manchmal nur in bestimmten Teilen: in den Wurzeln, den Blättern, den Früchten oder den Samen. Oft ist es auch so, daß die Heilstoffe nur zu einer bestimmten Zeit wirksam sind, zum Beispiel vor oder nach der Blüte. Die beste Tageszeit zum Sammeln ist der Vormittag, wenn die Sonne den Tau getrocknet hat und es noch nicht zu heiß ist. Naß gepflückte Kräuter werden schwarz oder schimmeln. Deshalb sollen sie auch nicht gewaschen werden.

Am besten sammelst du Heilkräuter auf Böschungen und Viehweiden, an Waldrändern und Berghängen. Pflanzen von staubigen Wegrändern, frisch gedüngten Wiesen oder aus der Nähe stark befahrener Autostraßen eignen sich nicht.

Es sollten nicht mehr Pflanzen gepflückt werden als nötig. An Stellen, wo nur wenige von einer Art wachsen, läßt du sie lieber stehen.

Die Blätter der gesammelten Pflanzen müssen noch jung, die Blüten frisch und die Beeren reif sein. Alte oder verwelkte Teile haben kaum noch Heilkraft.

Zu Hause werden die Blätter und Blüten in dünner Schicht auf Papier gelegt und an einen luftigen warmen, aber schattigen Platz gebracht.

Heilkräuter, die mitsamt den Stengeln gesammelt werden, lassen sich zu Sträußen bündeln. Dann werden sie mit dem Kraut nach unten aufgehängt.

Schreibe dir gleich zu jeder Pflanze auf, wie sie heißt, denn getrocknet kann sie ganz anders aussehen. Manche sind nur schwer wiederzuerkennen.

Sobald die Pflanzen trocken sind, werden sie in Blechschachteln, Einweckgläser oder Leinensäckchen gefüllt, die du anschließend beschriftest. Du kannst auch ein Bild der jeweiligen Pflanze malen und aufkleben.

Und nun viel Spaß beim Sammeln!

Januar

Es ist Hochwinter. Kälte und Schnee machen den Tieren, die Futter suchen, das Leben schwer. Nur den Feldmäusen geht es unter der Schneedecke gut. Sie haben es angenehm warm, und ihre Feinde, die Greifvögel, können sie nicht erbeuten. Auch für manche Pflanzen kann der Schnee eine luftige, wärmende Decke sein, unter deren Schutz sie die Kälte des Winters leicht überstehen. In sehr kalten, schneelosen Wintern dagegen erfrieren viele von ihnen.

Manchmal gibt es auch schon im Januar milde Tage. Dann entfaltet die *Christrose* (1), auch Nieswurz genannt, ihre schneeweißen Blüten. Sie heißt so, weil es Arten gibt, die schon im Dezember blühen. Eigentlich wächst sie in den Bergen, aber sie ist auch in vielen Gärten zu Hause.
Die Christrose ist eine sehr giftige Pflanze. Wer davon ißt, kann krank werden oder sogar sterben.

Wenn alles verschneit ist und die Laubbäume kahl sind, behalten die Nadelbäume, wie *Kiefer*, Tanne und Fichte, ihr grünes Kleid. Sie bieten Vögeln und Insekten Schutz vor der Kälte.
Die Nadeln der Kiefer haben heilende Wirkung. Als Badezusatz fördern sie die Durchblutung und helfen bei Muskelkater und Gelenkschmerzen.

Kiefernnadel-Badezusatz

In einen großen alten Topf werden etwa 500 g kleingeschnittene Kiefernzweige gefüllt. Nachdem sie mit 3 l Wasser eine Stunde lang gezogen haben, werden sie langsam erhitzt, 1 bis 2 Minuten lang aufgekocht und bis zum Erkalten im Topf stehengelassen. Dann kann die abgeseihte Flüssigkeit nach Bedarf dem Badewasser zugefügt werden.

Februar

Im Februar kann es noch sehr kalt sein. Aber langsam steigt die Sonne höher. Die Tage werden länger, und zunehmende Wärme zeigt Tieren und Pflanzen die Nähe des Frühlings an.
Oft liegt auf den Feldern schon Hasenwolle. Die Feldhasen halten bald Hochzeit. Doch zuvor raufen sich Hase und Häsin, daß die Haare fliegen. Die ersten Zugvögel kehren zurück. Bei den Pflanzen wagen sich die Vorfrühlingsblüher hervor.

Das *Schneeglöckchen* (1) sagt schon mit seinem Namen, daß es sich durch Schnee nicht vom Blühen abhalten läßt. Es hat im letzten Frühjahr Nahrungsvorräte in seinem Zwiebelchen gespeichert und zehrt nun davon. In manchen Gärten dürfen sich Schneeglöckchen und *Märzenbecher* (2) so stark ausbreiten, daß sie weiße Blütenteppiche bilden.
Schneeglöckchen und Märzenbecher haben leicht giftige Zwiebeln.

In den Wiesen und am Waldrand leuchten weiße Sternchen. Dort wächst das *Buschwindröschen* (3) oft in großer Zahl. Wer Lust bekommt, einen dicken Strauß davon zu pflücken, sollte etwas vorsichtig sein:
Buschwindröschen enthalten in ihrem Saft Giftstoffe, die die Haut reizen können.

Buschwindröschen (3)

Schneeglöckchen (1)

Märzenbecher (2)

Vom Waldrand lockt ein Sträuchlein mit rosa, stark duftenden Blüten. Es ist der *Seidelbast* (1). Die Blätter an den Stengelenden sind noch kaum zu sehen. Die Pflanze ist recht selten. Deshalb steht sie unter Naturschutz. Bienen und Hummeln freuen sich über den ersten Nektar. Aus den Blüten des Seidelbastes entwickeln sich im Sommer rote saftige *Beeren* (2). Drosseln, Bachstelzen und Rotkehlchen fressen sie gern. Die Samen in den Beeren werden mit dem Kot ausgeschieden, und bald keimt ein neues Sträuchlein. So leisten sich Pflanzen und Tiere gegenseitig gute Dienste.
Früher glaubten die Leute, im Seidelbast, der auch Zyland genannt wird, sei ein Geheimnis verborgen. Eine Sage erzählt, daß Schweizer Bauern beim Heumachen ein Zwergenkind gefangen hätten. Da sei der Zwergenvater am Waldrand erschienen und habe gerufen:

Sie mögen dich erhenken,
sie mögen dich ertränken,
sie mögen dich erstechen,
die Arm' und Bein' dir brechen.
Fürcht' weder ihre Macht noch List,
doch sag' nicht, wofür der Zyland ist.

Das Zwergenkind hat nichts gesagt, und so kennen wir das Geheimnis bis heute nicht.

Der Seidelbast ist in allen Teilen sehr giftig. Der Saft reizt die Haut. Wer die Beeren vom Seidelbast ißt, bekommt schwere innerliche Verätzungen, die tödlich sein können.

Seidelbast
in Blüte (1)

Seidelbast
mit Beeren (2)

Huflattich (1)

März

Anfang März ist es oft noch winterlich. Doch nach ein paar wärmenden Tagen, wenn der Schnee schmilzt, leuchten am Wegrand, vom Bahndamm oder in Kiesgruben kleine gelbe Sonnen. Der *Huflattich* (1) hat seine Blüten geöffnet. Sie müssen ganz ohne schützende Blätter auskommen, denn die entwickeln sich erst drei bis vier Wochen nach der Blüte.

Der Huflattich hat seinen Namen von den Blättern, die in Größe und Form an Hufeisen erinnern.

Für die Bienen ist der Huflattich eine wichtige Nektarquelle, deshalb sollst du beim Sammeln der Blüten immer einige stehen lassen.

Huflattich ist ein bewährtes Mittel bei Erkältung. Ein Tee aus getrockneten Blüten und Blättern hilft besonders gut gegen Husten.

Huflattichtee

2 gehäufte Teelöffel getrocknete Huflattichblüten und -blätter werden mit 1/4 l kochendem Wasser übergossen. Wenn der Tee 10 Minuten gezogen hat, wird er abgeseiht und mit Honig gesüßt lauwarm getrunken.

Bald weht die Luft milder. Viele Zugvögel kehren zurück. In seinem schillernden Gefieder sitzt der Star vor dem Brutkasten und singt. Wenn er Hunger hat, sucht er sich Insekten auf der Wiese. Dort blühen jetzt viele *Gänseblümchen* (1). Sie halten ihre Strahlenköpfchen mit den rosaweißen Zungenblüten der Sonne entgegen. Die Blätter schmecken ein wenig bitter, aber Pferde mögen sie gern.
Gänseblümchen bringen mit ihren reinigenden Stoffen nach dem langen Winter unseren Körper wieder in Schwung.

Huflattich und Gänseblümchen sind nicht die einzigen Heilpflanzen des Frühlings. Vom Waldrand her weht der zarte Duft der *Märzveilchen* (2). Auf ihren violetten Blüten lassen sich gern Zitronenfalter nieder, um ihren Lieblingsnektar zu saugen.
Wenn die Veilchen bestäubt und verblüht sind, reifen die kleinen Samen, die sich die Waldameisen holen. Eigentlich haben sie es auf die ölhaltigen Anhängsel abgesehen. Dabei verschleppen sie die Samen und lassen sie irgendwo liegen. Im nächsten Jahr sprießen dort neue Pflänzchen. So helfen die Ameisen mit, das Veilchen zu verbreiten.
Das Märzveilchen enthält heilende Stoffe. Tee aus getrocknetem blühendem Kraut ist ein gutes Linderungsmittel bei Husten und Bronchitis.

Gänseblümchensalat

Die Gänseblümchen werden gewaschen, zum Abtropfen in ein Sieb gegeben und anschließend mit Öl, feingeschnittener Zwiebel, etwas Salz und Zitronensaft vermischt. Dieser Salat kann durch Zugabe von Feldsalat gestreckt werden.

Märzveilchen (2)

Gänseblümchen (1)

April

Im April ist das Wetter oft launisch. Sonne, Regen und Schneeschauer können innerhalb weniger Stunden wechseln. Die Füchsin hat Junge geboren. Noch liegen sie in ihrem warmen Bau unter der Erde. Aber schon bald werden sie ihre ersten Ausflüge machen.
An trockenen Stellen wächst nun die *Zypressenwolfsmilch* (1). Sie ist die erste der vielen Wolfsmilcharten, die im Laufe des Jahres blühen. Alle enthalten sie in ihren Stengeln milchweißen Saft, der ihnen den Namen gegeben hat. Tiere meiden diese Pflanze. Nur die Raupe des Wolfsmilchschwärmers lebt von ihr.

Zypressenwolfsmilch und alle anderen Wolfsmilcharten dürfen nicht gepflückt werden. Ihr giftiger und ätzender Saft ist besonders gefährlich für die Augen.

Am Bach und auf feuchten Wiesen stehen viele *Schlüsselblumen* (2). Ihre gelben Kelchblüten sehen aus wie kleine Schlüssel. Schlüsselblumen stehen unter Naturschutz. Deshalb darfst du nur ein Sträußchen davon pflücken, gerade so viel, wie die Hand umfaßt.
Die Schlüsselblume ist eine Heilpflanze. Der Tee aus ihren Blüten hilft gegen Husten. Er soll mit Honig gesüßt recht heiß getrunken werden.

An schattigen feuchten Waldrändern riecht es jetzt nach Knoblauch. Dort hat der *Bärlauch* (3) seine Blätter entfaltet. Wenn Kühe von den Blättern fressen, schmeckt ihre Milch nach Knoblauch, und keiner mag sie trinken.
Der Bärlauch hat die gleiche Heilkraft wie sein Vetter aus der Lauchgattung, der Knoblauch.
Frischer Bärlauch hilft bei Magen- und Darmstörungen, bei Bauchweh und Blähungen. Feingeschnittene Bärlauchblätter werden zum Würzen von Suppen, Salaten und Quark verwendet.

Im Gebüsch, wo es vom Winter her noch feucht ist, entfaltet der *Aronstab* (4) seine grünlichweißen Blüten. Sie sehen wie eingerollte Tüten aus. Wenn eine Fliege hineinkriecht, um den Nektar zu suchen, wird sie so lange eingesperrt, bis die Blüte bestäubt ist. Später öffnet sich die Falle, und das Insekt kann wegfliegen.
Der Aronstab ist in allen Teilen sehr giftig, besonders in den saftigen roten Beeren (5), die im Sommer reifen.

Gegen Ende des Monats kehren die Schwalben zurück und suchen nach feuchtem Lehm, um damit ihre Nester zu bauen. Jetzt bedecken sich die Wiesen mit einem goldgelben Blütenteppich aus *Löwenzahn.* Er hat seinen Namen von den Blättern, deren Zacken aussehen wie große Reißzähne.
Aus Löwenzahn lassen sich leuchtende Halsketten winden. Aber der milchige Saft in den Stengeln hinterläßt auf Haut und Kleidung bräunliche Spuren, die nur schwer abzuwaschen sind.
Nach der Blüte wird der Löwenzahn zur Pusteblume. Wer auf die weißen Samenkugeln bläst, kann die kleinen Fallschirme, an denen die Samen hängen, weit durch die Luft schweben sehen.
Löwenzahn ist ein gutes Entwässerungsmittel. Er regt Niere und Blase an. Salat aus Löwenzahnblättern macht Appetit und entschlackt den Körper. Der weiße Saft in den Stengeln ist etwas giftig.

Löwenzahnsalat

Zarte junge Löwenzahnblätter werden gewaschen und in Streifen geschnitten. Dann werden sie mit feingehackter Zwiebel, Essig, Öl, Salz und etwas Zucker vermischt. Gut schmeckt Löwenzahnsalat auch mit Joghurt angemacht.

Mai

Der Mai ist der schönste Monat des Jahres. Wiesen und Gärten sind voller Blumen. Auch die Bäume öffnen ihre Knospen, und an dem zarten, noch hellgrünen Laub knabbern die Maikäfer.
In Gärten und Anlagen blüht jetzt der *Goldregen* (1). Wenn der Strauch voller Blütenrispen hängt, sieht er fast so aus, als riesele goldgelber Regen hernieder. Daher kommt auch sein Name. Im späten Sommer reifen die *Hülsen* (2) mit ihren bohnenartigen Samen.
Goldregen ist in allen Teilen stark giftig. Besonders gefährlich sind die bohnenartigen Samen. Wer sie verschluckt, kann daran sterben.

Hülsen des Goldregens mit Samen (2)

In den Nestern piepen Jungvögel. Die Vogeleltern suchen emsig nach Futter für sie. Wenn sie an eine *Brennessel* (3) kommen, finden sie Raupen von vielerlei Schmetterlingen.
Die Brennessel hat an ihren Blättern Brennhaare. Wer schon einmal mit ihnen in Berührung gekommen ist, wird sie kaum für eine nützliche Pflanze halten. Doch Bauern haben sie schon von alters her als Futter für ihre Tiere verwendet, denn die Pflanze wirkt kräftigend. Pferde bekommen ein schönes Fell, Kühe geben mehr Milch und Hühner legen besser.
Die Brennessel enthält wertvolle Heilstoffe, die den Körper kräftigen und das Blut reinigen. Brennesseltee hilft bei Hauterkrankungen und Rheuma. Aus den Blättern lassen sich Suppe und Spinat kochen.

Wer an einem warmen Maitag durch die Felder streift, den umweht ein weicher, aromatischer Duft. Die *Kamille* (1) hat ihre weißen Strahlenblüten geöffnet.
Die Kamille ist eine Heilpflanze. Der Tee aus ihren getrockneten Blütenköpfen bringt Linderung bei Magenschmerzen und Halsweh. Gegen Entzündungen der Haut helfen Umschläge aus Kamille.

An schattigen Stellen wachsen jetzt *Maiglöckchen* (2). Ihre zarten weißen Blütenrispen duften wunderbar. Wer Glück hat, kann im Sommer ihre leuchtend roten Beeren entdecken.
Das Maiglöckchen ist in allen Teilen stark giftig, auch die Beeren dürfen nicht gegessen werden.

Dort, wo die Feldlerche ihr Nest baut, wächst das unscheinbare *Ackerstiefmütterchen* (3). Es hat eine kleine gelbweiße und violettfarbene Blüte und ist längst nicht so auffällig wie das Gartenstiefmütterchen. Dafür aber enthält es heilende Stoffe.
Das Ackerstiefmütterchen ist eine Heilpflanze, besonders für Kinder. Mit Tee aus dem getrockneten blühenden Kraut lassen sich Hautkrankheiten bei Säuglingen und Kleinkindern lindern.

Brennesselspinat

Mit Handschuhen geschützt pflückst du eine Schüssel voll junger Brennesseltriebe. Eine kleingeschnittene Zwiebel wird in Butter angedünstet, anschließend werden die gewaschenen, grobgeschnittenen Triebe hineingegeben, mit Salz und Muskat gewürzt und mit einer halben Tasse Wasser aufgefüllt. Nach etwa 20minütigem Kochen ist der Spinat fertig. Mit Rahm schmeckt er noch besser.

Kamille (1)

Maiglöckchen (2)

Ackerstiefmütterchen (3)

Juni

Der Juni ist ein besonderer Monat im Jahreslauf. Die Sonne erreicht ihren höchsten Stand. Nun hören die meisten Vögel auf zu singen. Sie haben ihre Jungen großgezogen und kümmern sich wieder ganz um sich selbst. Wenn die Linden blühen, beginnt der Sommer. Tausende von Insekten schwirren und brummen im Geäst des Baumes und holen sich den Nektar aus den duftenden *Lindenblüten* (1). Manchmal finden die Bienen so viel davon, daß die Imker reinen Lindenblütenhonig bekommen.
Lindenblütentee hilft gegen Erkältung. Als Schwitzkur ist er besonders wirkungsvoll.

An sonnigen Stellen wächst das gelbe *Johanniskraut* (2). Es heißt so, weil es in der Zeit um den 24. Juni, dem Johannistag, erblüht. An diesem Datum wird in vielen Gegenden das Sonnenwendfest gefeiert, denn der 24. Juni ist der längste Tag im Jahr. Von nun an werden die Tage wieder kürzer.
Wer die Blätter des Johanniskrauts gegen das Licht hält, kann viele kleine Punkte entdecken. Das sind die Öldrüsen, die durch das Blattgewebe scheinen. Das aus den Blüten gewonnene Heilöl gibt es in der Apotheke zu kaufen.
Das Johanniskraut ist eine Heilpflanze. Der Tee wirkt beruhigend, lindert Nervenschmerzen und regt die Verdauung an. Das Öl aus den Blüten hilft bei Rheuma und Hexenschuß.

Aus den Gärten leuchten die Blütenkerzen der *Lupinen* (3) in vielen Farben. Etwas weniger farbenprächtig sind die wilden Lupinen auf Wiesenrändern und Straßenböschungen. Nach dem Blühen bilden sie kleine Hülsen mit rundlichen Samen.
Lupinensamen sind giftig.

Im Juni blüht auch der *Holunder* (1). Seine großen weißen Blütenscheiben ziehen viele Insekten an. Später, wenn die Beeren reifen, werden sich Amseln und Zaungrasmücken daran laben.
Den Holunder pflanzten die Menschen früher gern in die Nähe ihrer Häuser. Er galt als Sitz guter Geister, die Hof und Vieh behüteten und durfte nicht umgeschlagen werden. Auch heute noch steht der Holunder in vielen Gärten. Seine Blüten und Beeren werden in der Küche gern für Säfte, Marmelade und Kompott verwendet.
Holunder ist von alters her als Heilpflanze bekannt. Ein Schwitztee aus Holunderblüten hilft gegen Fieber und Erkältung. Die glänzend schwarzen Beeren enthalten Vitamine und viele Mineralstoffe. Unreife grüne Beeren sind leicht giftig und können Übelkeit und Durchfall hervorrufen.

Holunderblütensirup

10 bis 12 Holunderblütendolden werden kurz unter fließendem Wasser abgewaschen, zusammen mit 4 in Scheiben geschnittenen, ungespritzten Zitronen in 1 Liter Wasser gegeben. Diese Mischung bleibt zugedeckt 5 bis 6 Tage stehen. Dann wird die Flüssigkeit abgeseiht und mit 1/4 Liter Obstessig und 1500 g Einmachzucker verrührt. Nun wird das Ganze erhitzt und gut durchgekocht. Anschließend wird der heiße Sirup in Flaschen gefüllt, die sofort zu verschließen sind. Mit Mineralwasser vermischt, ist der Sirup ein sehr erfrischendes Getränk.

Holunder (1)

Juli

Nun kommt der Hochsommer. Die Tage sind heiß. Es ist Badezeit. An den Weihern sonnen sich Wasserfrösche und lauern auf Fliegen. In den Zweigen von Büschen, die in der Sonne stehen, verbringt ihr Vetter, der Laubfrosch, die Sommertage. In lauen Nächten ist sein Quaken überall zu hören.
An feuchten Stellen wächst jetzt der *Baldrian* (1) und bietet den Insekten seine Blüten auf hohen Stengeln dar. Seinen starken Geruch schätzen besonders Katzen. Sie eilen von weit her, um sich an seinem Duft zu laben.
Baldrian enthält in seinen Wurzeln beruhigende Wirkstoffe, die beim Einschlafen helfen können. Mittel, die Baldrian enthalten, gibt es in der Apotheke.

Auf feuchten Wiesen und an Wiesenbächen, wo die blauen Libellen fliegen, steht die *Minze* (2). Wer ein Blättchen davon zerreibt, freut sich an dem erfrischenden Geruch. Von den wilden Minzen gibt es verschiedene Arten. Alle schmecken sie ein wenig grasig und haben nicht das Aroma der echten *Pfefferminze* (3). Diese wächst nicht wild, sondern muß angebaut werden. Aus ihren Blättern läßt sich Pfefferminzöl gewinnen, das Menthol enthält und zur Herstellung von Pfefferminzbonbons verwendet wird.
Echte Pfefferminze ist von alters her als Heilpflanze bekannt. Der Tee aus getrockneten Blättern hilft bei Magen- und Darmstörungen.

An heißen Sommernachmittagen erfüllt das Schwirren und Zirpen der Heuschrecken und Grillen die Luft. Dort, auf trockenen, mageren Böden, wächst die *Schafgarbe* (4) und leuchtet mit weißen Scheibenblüten vom Sommer bis in den Herbst hinein. Sie heißt so, weil Schafe sie gern fressen. Frische oder getrocknete Schafgarbenblätter lassen sich als Gewürz verwenden.
Schafgarbentee aus getrocknetem Kraut stärkt den Magen und regt die Verdauung an.

Nun sind auch die hohen Beetpflanzen in vielerlei Farben herangewachsen. In manchen Gärten entfaltet der *Eisenhut* (5) seine blauen, helmförmigen Blüten. Aber die schöne Pflanze ist alles andere als harmlos. Wegen ihres schnell wirkenden Giftes wurde sie früher zum Töten von Wölfen und als Pfeilgift verwendet.

Der Eisenhut ist eine äußerst giftige Pflanze. Sein Gift wirkt rasch und tödlich.

Jetzt öffnet der schöne *Fingerhut* (6) seine rotgepunkteten Blüten. Sie sehen wirklich aus wie Fingerhüte. Früher glaubten die Menschen, daß Elfen damit nähten.

Der Fingerhut ist in allen Teilen sehr giftig. Doch können Medikamente, die in geringen Mengen Fingerhut enthalten, herzkranken Menschen helfen. Nur der Arzt darf sie verordnen. Der Fingerhut ist eine Gift- und Heilpflanze zugleich.

August

Im August reift das Getreide. Der August ist aber auch der Beerenmonat. Wenn im Garten Himbeeren, Johannisbeeren und Stachelbeeren schon geerntet sind, verfärben sich im Wald die ersten *Heidelbeeren* (1) blau. Wegen ihrer kräftigen Farbe werden sie auch Blaubeeren genannt, und wer sie pflückt, bekommt blaue Finger.
Drosseln, Eichelhäher, Elstern und viele andere Vögel mögen sie sehr gern.
Heidelbeeren sind reich an Vitaminen und Mineralstoffen. Getrocknete Beeren heilen Durchfall, besonders bei kleinen Kindern.

Doch wer zum Heidelbeerpflücken geht, sollte auch die giftigen Waldfrüchte kennen.
Eine davon ist die *Tollkirsche* (2). Schwarz und saftig leuchten ihre Beeren bis in den Oktober hinein aus dem Gesträuch. Die kirschförmigen Früchte sitzen auf fünf Kelchblättern und haben im Gegensatz zur eßbaren Kirsche keine Stiele.

Drosseln, Spatzen und Fasane fressen sie gern und verbreiten die Samen. So wachsen wieder neue Tollkirschenpflanzen heran. Im Sommer blüht die Tollkirsche mit bräunlich-violetten Glockenblüten.
Die Tollkirsche ist in allen Teilen sehr giftig. Schon wenige Früchte können tödlich sein. Zur Behandlung zahlreicher Krankheiten aber lassen sich aus der Tollkirsche Medikamente herstellen, die nur der Arzt verschreiben darf.

Tollkirsche (2)

Heidelbeere (1)

Viele Pflanzen blühen und welken schnell. Die *Ringelblume* (1) im Garten aber erfreut uns lange Zeit. Ihre gelben und orangefarbenen Blüten leuchten wie kleine Sonnen bis in den Herbst hinein. Erst der Frost löscht sie aus. Ihren Namen hat die Ringelblume von ihren geringelten, gekrümmten Samen.

Für Heilzwecke werden die leuchtenden Zungenblüten der Blütenköpfe gesammelt.

Die Ringelblume ist schon seit dem Mittelalter als Heilpflanze beliebt. Aus den Blütenblättern wird Tee und Ringelblumensalbe hergestellt. Sie sind gute Mittel bei Wunden und Quetschungen und lindern Schmerzen.

Ringelblume (1)

Bohne (2)

Ringelblumensalbe

Die Blütenblätter von Ringelblumen werden zerquetscht und mit der gleichen Menge Butter verknetet. Diese Mischung wird in einem kleinen Topf vorsichtig erwärmt, bis die Butter geschmolzen ist. Nicht kochen! Dann wird die Masse durch ein Sieb gegeben und in ein verschließbares Gefäß gefüllt. Diese Salbe ist wegen der Butter auch kühl gestellt nur begrenzt haltbar.

Im Garten reifen nun vielerlei Gemüse. Manche, wie Möhren und Kohlrabi, laden schon ungekocht zum Essen ein. Aber niemals roh gegessen werden dürfen alle Arten von *Bohnen* (2). *Rohe Bohnen enthalten ein starkes Gift, das erst beim Kochen zerstört wird.*

Am Wegrand leuchtet eine himmelblaue Blume. Es ist die *Wegwarte* (3). Früher glaubten die Menschen, sie sei ein verwunschenes Mädchen, das auf seinen Liebsten wartet.
Die Blüten der Wegwarte öffnen sich in der Morgendämmerung und schließen sich schon am Vormittag wieder. Jeden Tag erscheinen neue. In manchen Gegenden wird eine kultivierte Form der Wegwarte angebaut, um aus ihren gerösteten Wurzeln den sogenannten Zichorienkaffee herzustellen. Dieser Kaffee-Ersatz wird in Frankreich und Österreich gern dem Bohnenkaffee beigegeben. Der Salat aus Wegwartenblättern schmeckt ähnlich wie Endiviensalat.
Wegwartentee, der aus allen oberirdischen Teilen der Pflanze hergestellt wird, hilft bei Leibschmerzen und Appetitlosigkeit.

Wegwartensalat

Junge Wegwartenblätter werden kleingeschnitten und in eine mit Knoblauch ausgeriebene Schüssel gegeben. Der Salat kann mit etwas Salz, Zitrone und Öl, aber auch mit Joghurt angemacht werden.

Wegwarte (3)

September

Der Sommer geht zu Ende. Die Zugvögel fliegen in den Süden. Die Luft weht kühler. Das große Blühen ist vorbei. Wenn die Sonne scheint, funkeln die seidenen Fäden der Spinnennetze zwischen den Gräsern.
An trockenen und sandigen Stellen, da wo die Eidechsen sich sonnen, wächst die *Königskerze* (1). Ihre goldgelben Blüten sitzen an einem bis zu drei Meter hohen Stengel. Die große Pflanze sieht so majestätisch aus, daß sie ihren Namen wohl verdient. Weil Stengel und Blätter von einem feinen wolligen Überzug bedeckt sind, nennen manche sie auch Wollblume.

Tee aus den Blüten der Königskerze hilft bei Husten und löst den Schleim in den Bronchien.

Eigentlich wächst der Wegerich auf trockenen Wiesen und Feldern. Weil er aber auch häufig links und rechts vom Wegrand zu finden ist, galt er früher als König der Landstraße. Pferde und schwere Wagenräder drückten ihn in den Staub. Doch nichts konnte der zähen Pflanze etwas anhaben.
Es gibt mehrere Wegericharten. Sie unterscheiden sich in der Form der Blätter und Blüten. Am heilkräftigsten ist der *Spitzwegerich* (2) mit seinen schmalen, langen Blättern.
Spitzwegerich ist wohl das bekannteste Heilmittel gegen Husten. Zwei Tassen Spitzwegerich täglich helfen rasch.

Königskerze (1)

Spitzwegerich (2)

Augentrost (3)

Jetzt sind nur noch wenige Blüten zu finden. Da ist es ein rechter *Augentrost* (3), wenn das Pflänzchen mit gleichem Namen von trockenen Wiesenhängen leuchtet.
Umschläge mit Augentrost sind ein gutes Linderungsmittel bei brennenden und entzündeten Augen.

Im Wald sprießen nun viele Pilze aus dem Boden. Wer sie sammeln will, muß eßbare und giftige Arten unterscheiden können. Das ist nicht immer ganz einfach. Denn manchmal sehen sich genießbare und giftige Pilze recht ähnlich, vor allem, wenn sie noch jung sind. Dies gilt besonders für den Wiesenchampignon und den tödlichen Knollenblätterpilz. Bei der Suche nach *Steinpilzen* (4) hat es schon Verwechslungen mit dem giftigen Satanspilz gegeben. Den *Fliegenpilz* (5) freilich erkennt jeder. Sein roter Hut mit den weißen Tupfen leuchtet verlockend aus dem Waldesdunkel.
Der Fliegenpilz ist wie viele andere Pilze giftig.

Die *Eibe* (6) ist heute fast nur noch in Gärten zu finden. Der immergrüne Nadelbaum trägt jetzt leuchtend rote Beeren, um die sich die Amseln gern streiten.
Die Eibe ist giftig. Wer die kleinen Samen in den Beeren zerbeißt, kann sehr krank werden.

Steinpilz (4)

Fliegenpilz (5)

Eibe (6)

Oktober

Das Laub hat sich bunt verfärbt und beginnt zu fallen. Wildschweine suchen in den Wäldern nach Eicheln und Bucheckern. Die Stare schließen sich zu großen Schwärmen zusammen, die in der Abenddämmerung wie riesige dunkle Wolken auf- und niederschweben.

Von Böschungen und trockenen Waldrändern leuchten die *Goldruten* (1) mit ihren gelben Blütenschöpfen. Bienen, Hummeln und Fliegen umschwirren sie und holen sich den letzten Nektar, ehe die Blüten verwelken.

Die Goldrute ist eine Heilpflanze. Der Tee aus getrockneten Blüten wirkt bei Nieren- und Blasenentzündung. Umschläge helfen Wunden zu heilen.

Wenn die *Herbstzeitlose* (2) auf den Wiesen blüht, sind die warmen Tage vorüber. Weil der Pflanze vor dem Winter zu wenig Zeit verbleibt, um Samen auszubilden, hat sie dies auf das nächste Jahr verlegt. Im Frühjahr erscheinen ihre langen Blätter und im Juni die Samenkapseln.

Die Herbstzeitlose ist sehr giftig für Menschen und Tiere.

Schon den ganzen Sommer über blühen und fruchten die *Brombeeren* (3), und selbst jetzt in der milden Oktobersonne sind noch ein paar Früchte reif geworden. Amseln und Zaungrasmücken fressen sie besonders gern.

Brombeeren sind gesund. Schon die

Goldrute (1)

Herbstzeitlose (2)

Brombeere (3)

alten Römer schätzten Brombeerblätter, weil sie das Zahnfleisch kräftigen. Sie kauten sie ebenso häufig wie wir heute den Kaugummi.
Brombeeren enthalten Fruchtsäuren, Vitamine und Mineralstoffe. Brombeersaft hilft gegen Heiserkeit, und Brombeerblättertee ist ein gutes Gurgelmittel.

Jetzt ernten die Bauern die *Kartoffeln.* Unter jeder Kartoffelstaude sind in der Erde zahlreiche kleine und große Knollen herangewachsen. Sie sind ein wichtiges Nahrungsmittel.
Nur wenige wissen, daß die Pflanze zu den giftigen Nachtschattengewächsen gehört. Das Kraut der Kartoffel mit seinen schönen Blüten und grünen Beeren ist giftig. Wenn die Kartoffelknollen im Hellen liegen, verfärben sie sich grün und bilden Giftstoffe. Darum müssen diese Stellen vor dem Kochen weggeschnitten werden.
Die Kartoffel ist in allen Teilen, die über der Erde wachsen, giftig. Auch grünverfärbte Kartoffelknollen enthalten Giftstoffe.

Heckenrose (1)

November

Der November ist ein grauer Monat. Tagelang hüllen Nebel das Land ein. Es ist seltsam still. Pflanzen und Tiere erwarten den Winter. Eichelhäher, Hamster und Eichhörnchen haben sich Wintervorräte angelegt, und der Igel ist so fett geworden, daß er die harte Zeit verschlafen kann.
Die *Heckenrose* (1) ist längst verblüht. Aber ihre Früchte, die *Hagebutten* (2) leuchten jetzt noch vom Strauch. Sie dienen den Vögeln und Wildtieren als Nahrung.
Hagebutten enthalten Mineralstoffe und besonders viel Vitamin C. Tee aus zerkleinerten Hagebutten ist ein guter Schutz vor Erkältungen in der langen Winterzeit.

Manchmal wächst neben der Heckenrose ein *Schneeballstrauch* (3). Im Juni trug er weiße Blütenbällchen. Jetzt hängen glasigrote Beerenbüschel an den Zweigen. Heimische Vögel mögen sie nicht. Nur der Seidenschwanz mit seiner kleinen braunen Federhaube, der in strengen Wintern aus dem Norden kommt, ist nicht wählerisch und labt sich an ihnen.
Der Schneeballstrauch ist in Rinde, Blättern und Beeren leicht giftig.

Rosenzweige
mit Hagebutten (2)

Schneeball
mit Früchten (3)

Dezember

Die Natur kommt zur Ruhe. Das Jahr geht zu Ende. Die Sonne erreicht ihren tiefsten Stand. Das Hermelin hat sein braunes Sommerkleid in ein weißes Winterfell verwandelt. So ist es gegen Greifvögel gut getarnt, wenn der erste Schnee fällt. Büsche und Laubbäume sind kahl.
Aus dem immergrünen Blattwerk der *Stechpalme* (1) leuchten rote Beeren. Drosseln und Wildtauben können sie gut vertragen. Sie verbreiten die Samen, und so gehen wieder junge Stechpalmen auf.
In England ist es ein alter Brauch, mit ihren Zweigen zu Weihnachten das Haus zu schmücken.
Die Beeren und die Blätter der Stechpalme sind giftig.

Bald brausen Schneestürme über das Land, es wird winterlich. Wer sich die Heilschätze der Natur nach Hause holte, wer über einen Vorrat an Kräutertees und Säften verfügt, dem können Kälte und Krankheit wenig anhaben. Mit dem Duft getrockneter Lindenblüten, Kamillen und Veilchen erwacht auch die Erinnerung an Blumenwiesen, den Ruf des Kuckucks und das Summen der Bienen. Bald werden die Tage wieder länger. Der Kreislauf des Wachsens und Blühens, ein neues Lebensjahr beginnt.

Stechpalme mit Beeren (1)

HEILPFLANZEN AUF EINEN BLICK

Name der Heilpflanze	Heilkräftige Pflanzenteile	Sammelzeit	Heilanwendung
Ackerstiefmütterchen *Viola tricolor*	blühendes Kraut	Mai – August	gegen Hautkrankheiten, besonders bei Kleinkindern
Augentrost *Euphrasia rostkoviana*	blühendes Kraut	Juni – Oktober	vor allem bei Augenentzündungen
Baldrian *Valeriana officinalis*	Wurzel	September – Oktober	zur Beruhigung
Bärlauch *Allium ursinum*	Blätter	April – Mai	bei Magen- und Darmstörungen, Schwächezuständen, zur Blutreinigung
Brennessel *Urtica dioica*	Blätter	Mai – Juni	zur Anregung des Stoffwechsels, gegen Rheuma und Hautausschläge
Brombeere *Rubus fruticosus*	Blätter Früchte	Mai – Juni August – Oktober	bei Zahnfleischbeschwerden zur Stärkung der Abwehrkraft und gegen Heiserkeit
Gänseblümchen *Bellis perennis*	Blüten und Blätter	März – Oktober	zur Anregung des Stoffwechsels
Goldrute *Solidago virgaurea*	blühendes Kraut	August – Oktober	gegen Hautkrankheiten, Blasen- und Nierenentzündungen, zur Anregung des Stoffwechsels
Heckenrose *Rosa canina*	Früchte	September – November	zur Stärkung der Abwehrkraft
Heidelbeere *Vaccinium myrtillus*	Früchte	August – September	zur Stärkung der Abwehrkraft frische Beeren, gegen Durchfall getrocknete Beeren
Holunder *Sambucus nigra*	Blüten Beeren	Juni – Juli August – September	bei Erkältungen Blütentee zur Stärkung der Abwehrkraft Mus aus gekochten Beeren
Huflattich *Tussilago farfara*	Blüten Blätter	März – April April – Juni	gegen Husten
Johanniskraut *Hypericum perforatum*	blühendes Kraut Blüten	Juni – Juli	zur Beruhigung und Verdauungsanregung, gegen Rheuma, Verstauchung, zur Wundheilung Öl aus den Blüten
Kamille, echte *Matricaria chamomilla*	Blüten	Mai – Juni	gegen Magenbeschwerden, Entzündungen, Erkältungen, zur Wundheilung
Kiefer *Pinus sylvestris*	Nadeln	Januar – Dezember	als Badezusatz durchblutungsfördernd, schmerzlindernd bei Gelenkleiden und Muskelkater
Königskerze *Verbascum densiflorum*	Blüten	Juli – August	gegen Husten
Linde *Tilia platyphyllos*	Blüten	Juni	zur Stärkung der Abwehrkraft bei Erkältungen
Löwenzahn *Taraxacum officinale*	Blätter	März – Mai	zur Blutreinigung, Anregung des Stoffwechsels, zur Entwässerung, bei Galle- und Leberleiden
Märzveilchen *Viola odorata*	blühendes Kraut	März – April	bei Erkältungen, Husten, zur Blutreinigung
Pfefferminze *Mentha x piperita*	Blätter	Juni – Juli	gegen Magen- und Darmbeschwerden
Ringelblume *Calendula officinalis*	Blüten	Juni – Oktober	bei Wunden, Quetschungen, Abszessen
Schafgarbe *Achillea millefolium*	blühendes Kraut	Juni – September	gegen Magen- und Darmbeschwerden, zur Blutstillung und Anregung des Stoffwechsels
Schlüsselblume *Primula elatior*	Blüten	März – April	bei Husten und Bronchitis
Spitzwegerich *Plantago lanceolata*	Blätter	Mai – August	bei Husten
Wegwarte *Cichorium intybus*	blühendes Kraut	Juli – September	gegen Verdauungsbeschwerden, Galle- und Leberstörungen, bei Appetitlosigkeit

GIFTPFLANZEN AUF EINEN BLICK

Name der Giftpflanze	Giftige Pflanzenteile	Blütezeit / Reifezeit
Aronstab *Arum maculatum*	die ganze Pflanze, auch die Beeren	Blütezeit: April - Mai Reifezeit: Juli - September
Buschwindröschen *Anemone nemorosa*	die ganze Pflanze	Blütezeit: Februar - April
Christrose *Helleborus niger*	die ganze Pflanze	Blütezeit: Dezember - März
Eibe *Taxus baccata*	alle Teile der Pflanze, ausgenommen das rote Fruchtfleisch der Beere, der Samen darin ist giftig	Reifezeit: August - Oktober
Eisenhut *Aconitum napellus*	die ganze Pflanze, besonders Wurzeln und Samen	Blütezeit: Juni - August
Fingerhut, roter *Digitalis purpurea*	alle Teile der Pflanze	Blütezeit: Juni - Juli
Fliegenpilz *Amanita muscaria*	alle Teile	Juli - November
Goldregen *Laburnum anagyroides*	die ganze Pflanze, besonders die Hülsen mit den bohnenartigen Samen	Blütezeit: April - Juni Reifezeit: Juli
Herbstzeitlose *Colchicum autumnale*	die ganze Pflanze, besonders Knollen und Samen	Blütezeit: September - Oktober Reifezeit: Mai - Juni
Lupine *Lupinus polyphyllus*	Samen	Reifezeit: Juli - Oktober
Maiglöckchen *Convallaria majalis*	die ganze Pflanze, besonders Blüten und Beeren	Blütezeit: Mai - Juni Reifezeit: Juli - August
Märzenbecher *Leucojum vernum*	die ganze Pflanze	Blütezeit: Februar - März
Schneeball *Viburnum opulus*	Rinde, Blätter, Beeren	Reifezeit: August - November
Schneeglöckchen *Galanthus nivalis*	die ganze Pflanze	Blütezeit: Februar - März
Seidelbast *Daphne mezereum*	die ganze Pflanze, besonders die Beeren	Blütezeit: Februar - April Reifezeit: Juli - August
Stechpalme *Ilex aquifolium*	Blätter und Beeren	Reifezeit: Herbst
Tollkirsche *Atropa belladonna*	die ganze Pflanze, vor allem die Beeren	Blütezeit: Juni - August Reifezeit: August - Oktober
Zypressenwolfsmilch *Euphorbia cyparissias*	alle Teile, die Milchsaft enthalten	Blütezeit: April - Mai

Alle hier aufgeführten Giftpflanzen können verschiedene Krankheiten, bleibende Schäden oder sogar den Tod verursachen.

Was wo zu finden ist

Von Ackerstiefmütterchen bis Zypressenwolfsmilch

(*Kursive* Zahlen verweisen auf Abbildungen)

Rezepte

Erste Hilfe bei Vergiftungen

> Wer von giftigen Pflanzenteilen gegessen hat und eine Vergiftung befürchtet, findet bei einer Giftnotzentrale Hilfe. Zeigen sich schon Vergiftungserscheinungen, ist sofort ein Arzt zu verständigen. Verdächtige Pflanzenteile, evt. auch Erbrochenes für den Arzt aufheben.

Deutschland

Berlin
Beratungsstelle für Vergiftungserscheinungen
an der Universitäts-Kinderklinik
Pulsstraße 3–7
1000 Berlin 19
☎ (0 30) 3 02 30 22

Reanimationszentrum im
Universitätsklinikum Rudolf Virchow
Spandauer Damm 130
1000 Berlin 19
☎ (0 30) 30 35 34 66

Institut für Arzneimittelwesen
Zentraler Toxikologischer Auskunftsdienst
Große Seestraße 4
1120 Berlin-Weißensee
☎ (0 03 72) 3 66 94 18

Bonn
Universitätskinderklinik und Poliklinik
Informationszentrale gegen Vergiftungen
Adenauerallee 119
5300 Bonn 1
☎ (02 28) 2 87 32 11

Braunschweig
Medizinische Klinik II des Städtischen Klinikums
Salzdahlumer Straße 90
3300 Braunschweig
☎ (05 31) 6 22 90

Bremen
Kliniken der Freien Hansestadt Bremen
Zentralkrankenhaus, Klinikum
für Innere Medizin – Intensivstation –
St.-Jürgen-Straße
2800 Bremen 1
☎ (04 21) 4 97 52 68

Freiburg
Universitäts-Kinderklinik
Informationszentrale für Vergiftungen
Mathildenstraße 1
7800 Freiburg
☎ (07 61) 2 70 43 61

Göttingen
Vergiftungsinformationszentrale
Universitäts-Kinderklinik und -Poliklinik
Robert-Koch-Straße 40
3400 Göttingen
☎ (05 51) 39 62 39

Hamburg
Giftinformationszentrale Hamburg
I. Medizinische Abteilung
des Krankenhauses Barmbek
Rübenkamp 148
2000 Hamburg 60
☎ (0 40) 63 85 33 45

Homburg/Saar
Beratungsstelle für Vergiftungsfälle
Universitätsklinik
Klinik für Kinder- und Jugendmedizin
6650 Homburg/Saar
☎ (0 68 41) 16 22 57

Kiel
Zentralstelle zur Beratung bei Vergiftungsfällen
I. Medizinische Universitätsklinik Kiel
Schittenhelmstr. 12
2300 Kiel 1
☎ (04 31) 5 97 42 68

Koblenz
Städtisches Krankenhaus Kemperhof
I. Medizinische Klinik
Koblenzer Straße 115–155
5400 Koblenz
☎ (02 61) 49 96 48

Leipzig
Toxikologischer Auskunftsdienst
Härtelstraße 16–18
7010 Leipzig
☎ (00 37 41) 7 96 00

Ludwigshafen/Rh.
Vergiftungsinformationszentrale
Klinikum der Stadt Ludwigshafen
Medizinische Klinik C
Bremserstraße 79
6700 Ludwigshafen/Rh.
☎ (06 21) 50 34 31

Mainz
Beratungsstelle bei Vergiftungen
II. Medizinische Klinik und Poliklinik der
Johannes-Gutenberg-Universität
Langenbeckstraße 1
6500 Mainz
☎ (0 61 31) 23 24 66

München
Giftnotruf München
Toxikologische Abteilung der
II. Medizinischen Klinik rechts der Isar
der Technischen Universität München
Ismaninger Straße 22
8000 München 80
☎ (0 89) 41 40 22 11

Münster
Beratungs- und Behandlungsstelle
für Vergiftungserscheinungen
Medizinische Universitätsklinik Abt. B
Albert-Schweitzer-Straße 33
4400 Münster
☎ (02 51) 83 62 45

Nürnberg
II. Medizinische Klinik
Klinikum Nürnberg
Toxikologische Intensivstation
Flurstraße 17
8500 Nürnberg 90
☎ (09 11) 3 98 24 51

Papenburg
Marienhospital-Kinderklinik
Hauptkanal rechts 75
2990 Papenburg
☎ 0 49 61 / 8 30

Österreich

Wien
I. Medizinische Universitätsklinik
Spitalgasse 23
1090 Wien
☎ (02 22) 4 04 00 22 22

Schweiz

Zürich
Schweizerisches Toxikologisches
Informationszentrum
Klosbachstraße 107
8030 Zürich
☎ (01) 2 51 51 51